Cornelia Haas · Ulrich Renz

I0568164

Min aller fineste drøm

Moj najljepši san

Tospråklig barnebok

med online lydbok og video

Oversettelse:

Werner Skalla, Jan Blomli, Petter Haaland Bergli (norsk)

Karmen Fedeli (kroatisk)

sefa

Lydbok og video:

www.sefa-bilingual.com/bonus

Gratis tilgang med passordet:

norsk: **BDNO2324**

kroatisk: **BDHR1727**

Lulu får ikke sove. Alle andre drømmer allerede – haien, elefanten, den lille musa, dragen, kenguruen, ridderen, apen, piloten. Og løveungen. Til og med bamsen kan nesten ikke holde øynene åpne ...

Du bamse, kan du ta meg med inn i drømmen din?

Lulu ne može da zaspi. Svi ostali već sanjaju—morski pas, slon, mali miš, zmaj, klokan, vitez, majmun, pilot. I lavić. Čak i medvjedu se gotovo zatvaraju oči...

Čuj Medo, jel me uzmeš sa sobom u tvoj san?

Og med det er Lulu allerede i bamsenes drømmeland. Bamsen fanger fisk i
Tagayumisjøen. Og Lulu lurer på hvem som bor der oppe i trærne?
Når drømmen er over, vil Lulu oppleve enda mer. Bli med, vi skal hilse på
haien! Hva drømmer han om?

I već se Lulu nađe u medvjeđoj zemlji snova. Medvjed hvata ribe u
Tagayumi jezeru. A Lulu se pita, tko li to tamo gore u stablu stanuje?
Kada je san završen, Lulu želi doživjeti još više. Dođi, posjetimo morskog
psa! O čemu li on sanja?

Haien leker sisten med fiskene. Endelig har han venner! Ingen er redde for de spisse tennene hans.

Når drømmen er over, vil Lulu oppleve enda mer. Bli med, vi skal hilse på elefanten! Hva drømmer han om?

Morski pas se igra lovice sa ribama. Konačno ima prijatelje! Nitko se ne boji njegovih oštrih zuba.

Kada je san završen, Lulu želi doživjeti još više. Dođite, posjetimo slona! O čemu li on sanja?

Elefanten er lett som en fjær og kan fly! Snart lander han på skyene.
Når drømmen er over, vil Lulu oppleve enda mer. Bli med, vi skal hilse på
den lille musa! Hva drømmer hun om?

Slon je lak kao jedno pero i može da leti! Uskoro će sletjeti na nebesku livadu.

Kada je san završen, Lulu želi doživjeti još više. Dođite, posjetimo malog miša! O čemu li on sanja?

Den lille musa ser seg om på tivoli. Hun liker best berg- og dalbanen.

Når drømmen er over, vil Lulu oppleve enda mer. Bli med, vi skal hilse på dragen! Hva drømmer han om?

Mali miš gleda zabavni park. Najviše mu se sviđa vijugava željeznica.

Kada je san završen, Lulu želi doživjeti još više. Dođite, posjetimo zmaja! O čemu li on sanja?

Dragen er tørst etter å ha sprutet ild. Helst vil han drikke opp hele sjøen med brus.

Når drømmen er over, vil Lulu oppleve enda mer. Bli med, vi skal hilse på kenguruen! Hva drømmer han om?

Zmaj je žedan od pljuvanja vatre. Najradije bi popio cijelo jezero limunade.

Kada je san završen, Lulu želi doživjeti još više. Dođite, posjetimo klokana.

O čemu li on sanja?

Kenguruen hopper gjennom godterifabrikken og stapper pungen sin full.
Enda flere av de blå dropsene! Og enda flere kjærlighet på pinne! Og
sjokolade!

Når drømmen er over, vil Lulu oppleve enda mer. Bli med, vi skal hilse på
ridderen! Hva drømmer han om?

Klokan skače kroz tvornicu slatkiša i puni si tobolac. Još više plavih bombona! I više lizalica! I čokolade!

Kada je san završen, Lulu želi doživjeti još više. Dođite, posjetimo viteza. O čemu li on sanja?

Ridderen er i kakekrig mot drømmeprinsessen sin. Oi! Kremkaken
bommer!

Når drømmen er over, vil Lulu oppleve enda mer. Bli med, vi skal hilse på
apen! Hva drømmer han om?

Vitez vodi bitku tortama sa svojom princezom iz snova. Oh! Krem torta je promašila metu!

Kada je san završen, Lulu želi doživjeti još više. Dođite, posjetimo majmuna. O čemu li on sanja?

Endelig har snøen kommet til apelandet! Hele apegjengen er ute og gjør apestreker.

Når drømmen er over, vil Lulu oppleve enda mer. Bli med, vi skal hilse på piloten! I hvilken drøm har han landet?

Konačno da i jednom padne snijeg u zemlji majmuna! Cijelo majmunsko društvo se raduje i majmuniše naokolo.

Kada je san završen, Lulu želi doživjeti još više. Dođite, posjetimo pilota, u čijem li snu je on sletio?

Piloten flyr og flyr. Til verdens ende, og videre helt til stjernene. Ingen pilot har klart dette før ham.

Når drømmen er over, er alle veldig trøtte og vil ikke oppleve så mye mer.

Men løveungen vil de likevel hilse på. Hva drømmer han om?

Pilot leti i leti. Do kraja svijeta, pa čak i dalje do zvijezda. Niti jedan drugi pilot nije to uspio.

Kada je san završen, svi su već jako umorni i ne žele više tako puno doživjeti. Ali lavića žele još posjetiti. O čemu li on sanja?

Løveungen har hjemlengsel og vil tilbake til den varme, deilige senga si.
Det vil de andre også.

Og da begynner ...

Lavić ima čežnju za domom i želi se vratiti u topli i udoban krevet.

I ostali isto tako.

I tamo počinje ...

... Lulus
aller fineste drøm.

... Lulin
najljepši san.

Forfatterne

Cornelia Haas ble født i nærheten av Augsburg (Tyskland) i 1972. Hun studerte design ved Høgskolen i Münster og avsluttet studiene med diplom. Siden 2001 har hun illustrert barne- og ungdomsbøker. Siden 2013 har hun undervist i akryl- og digitalt maleri ved Høgskolen i Münster.

Ulrich Renz ble født i Stuttgart (Tyskland) i 1960. Etter å ha studert fransk litteratur i Paris avsluttet han medisinstudiene i Lübeck og arbeidet som daglig leder i et vitenskapelig forlag. I dag er Renz forfatter. Utover fagbøker skriver han barne- og ungdomsbøker.

Liker du å tegne?

Her finner du alle bildene fra historien til å fargelegge:

www.sefa-bilingual.com/coloring

Sov godt, lille ulv

For barn fra 2 år

med online lydbok og video

Tim får ikke sove. Hans lille ulv har forsvunnet! Hadde han kanskje glemt ham ute? Helt alene går han ut i natten – og får uventet selskap...

Tilgjengelig på dine språk?

▶ Sjekk ut med vår „Språkveiviser":

www.sefa-bilingual.com/languages

De ville svanene

Etter et eventyr av Hans Christian Andersen

For barn fra 4-5 år

„De ville svanene" av Hans Christian Andersen er ikke uten grunn en av verdens mest leste eventyr. I tidløs form gir han uttrykk for det som møter oss i våre liv: redsel, tapperhet, kjærlighet, forræderi, adskillelse og gjenforening.

Tilgjengelig på dine språk?

▶ Sjekk ut med vår „Språkveiviser":

www.sefa-bilingual.com/languages

© 2024 by Sefa Verlag Kirsten Bödeker, Lübeck, Germany

www.sefa-verlag.de

Special thanks for his IT support to our son, Paul Bödeker, Freiburg, Germany

ISBN: 9783739962573